Versos Breves sobre las Nubes

Juan Moisés de la Serna

Editorial Tektime

2021

"Versos Breves sobre las Nubes"
Escrito por Juan Moisés de la Serna
1ª edición: octubre 2021

Distribuido por Tektime
https://www.traduzionelibri.it

Prólogo

Mucha agua está cayendo
no ha dejado de llover
toda la noche lloviendo
muchos charcos puedes ver.

El ruido sobre el tejado
no ha dejado de sonar
todo ya está calado
y no deja de tronar.

Agua cae con mucha fuerza
no sé de dónde vendrá
con todo lo que ha caído
hasta el mar se llenará.

¿Cómo puede tanta agua
encontrarse allí arriba
en esas nubes tan negras
en el aire sostenidas?

AMOR

Dedicado a mis padres

Contenido

1. NUBES ROSAS 7

2. EL AGUA DE LLUVIA Y EL LAGO 10

3. EL NIDO DEL AGUILA 14

4. EL PÁJARO CARPINTERO 17

5. EL AVESTRUZ CORREDORA 21

6. LLEGÓ UN ECLIPSE 26

7. LLUVIA, LLUVIA Y MÁS LLUVIA 30

8. ALGO QUE PONER 32

9. LA TARDE 38

10. NUBES DE COLORES 43

11. GOTA DE LLUVIA 47

12. LA OLA CURIOSA 51

13. FILOSOFEANDO 55

14. LLEGA LA LLUVIA 60

15. EL POETA 63

16. LA HORMIGUITA VOLADORA 69

17. EL PEQUEÑO CURIOSO 71

18. EL CARACOL Y LA NUBE 74

19. ALGO QUE PONER 77

20. HORA DE LA DESPEDIDA 83

1. NUBES ROSAS

En el cielo aparecieron
nunca antes contemplé
esas nubes de colores
cuando hoy allí miré.

El cielo hace un ratito
lo acababa de mirar
todo estaba azulito
ese color ya no está.

Había nubes de colores
que el cielo atravesaban
parecía que un pintor
con su pincel las pintaba.

Rosa era su color
nunca antes vi así
¡Qué bonitas se veían!
y enseguida yo corrí.

Con la máquina de fotos
como recuerdo cogí
esas nubes de colores
ahora las tengo aquí.

Pero al poco de eso
no sé lo que habrá pasado
cuando he mirado de nuevo
el color se ha marchado.

Blancas ahora estaban
las nubes por todos lados
¡El rosa!, ¿dónde está el rosa?
parece que lo han borrado.

Si en un cuadro se ven
seguro que pensarán
es un color imposible
y nadie se lo creerá.

Pero en el cielo estaban
una mañana temprano
allí nadie las pintaba
no llega ninguna mano.

Y es que a veces pensamos
que podemos todo hacer
nos creemos infalibles
y eso no puede ser.

Esas nubes de colores
que se pueden contemplar
mirando temprano al cielo
¡Corre, se van a borrar!

Pero, aunque no las veas
ellas seguro estarán
surcándolo allí arriba
moviéndose sin parar.

Son las nubes de colores
esas que dibuja el sol
blancas, rosas, ¡qué más da!
¡Míralas, son un primor!

Nubes, nubes muchas nubes
por el cielo van pasando
se mueven con mucha prisa
y de color van cambiando.

AMOR

2. EL AGUA DE LLUVIA Y EL LAGO

Una mañana de abril
lloviendo mucho estaba
un arroyito allí
en el campo se formaba.

De pronto el arroyito
ha empezado a correr
cuesta abajo se marchaba
y mucho que va a crecer.

La lluvia sigue cayendo
mucho tiempo y ya llevaba
el arroyito creciendo
un gran río se formaba.

El agua que transportaba
miraba allí extrañado
una gota junto a otra
muchas se habían juntado.

—¿Dónde vamos? —preguntaba
una gota pequeñita
otra que le escuchaba
dijo: —Espera bonita.

—¿Qué tengo que esperar?
—la gotita preguntó.
—Es que aún no llegamos
—la otra le contestó.

—¿Pero a donde nos vamos?
yo en la nube estaba
allí me quisiera ir.
La otra le contestaba:

—La nube ya no existe
toda ella se quitó
por eso hemos caído
y este río se formó.

—¡Un río!, ¿eso qué es?
—la pequeña preguntaba.
La otra con gran paciencia
de esta forma contestaba:

—El agua de nuestra nube
a la tierra ha caído
y poco a poco juntando
a nosotras nos ha cogido.

»Ahora vamos en él
no nos podemos parar
y espera que lleguemos
iremos al ancho mar.

Y la gotita muy triste
así está preguntando
—Yo a mi nube la quiero
¿Dónde está? —Y va mirando.

Pero la nube en el cielo
parece que ya no está
el sol que había salido
la viene a deslumbrar.

La gotita le pregunta
—Y mi nube ¿dónde está?
El sol riendo la dice
—Por el río baja ya.

Y de pronto han llegado
al lago a descansar
la carrera ha terminado
allí se van a quedar.

La gotita con las otras
en el lago está viviendo
no se olvida de la nube
de la que se fue corriendo.

AMOR

3. EL NIDO DEL AGUILA

En la montaña más alta
que hay en esa región
un día llegó un águila
y su nido construyó.

Allí cerca de las nubes
donde nadie llegará
ella hace su casita
y así descansará.

Porque por mucho que quieran
subir allí escalando
nadie lo conseguirá
a no ser que sea volando.

Pero ella que es muy lista
también eso ha previsto
ha escogido el sitio
que nadie seguro ha visto.

Esta en todo lo alto
pero muy bien protegido
y desde el aire no ve
nadie donde está el nido.

El águila allí echada
ya puede bien descansar
seguro que allí arriba
no la van a molestar.

Porque ella es dormilona
y no lo soportaría
que alguien la despertara
antes de que llegue el día.

Que salga el sol no le importa
ella allí continuará
durmiendo muy tranquilita
nadir la interrumpirá.

Pero ella no contaba
con algo que comprobó
que como tan alto estaba
casi casi la rozó.

Un enorme avión
pasaba de madrugada
por encima de la cima
y a ella despertaba.

Malhumorada mirando
al avión se quedaba
no se podía creer
que eso allí la pasara.

Ni corta ni perezosa
se ha ido a protestar
donde está muy segura
que la van a escuchar.

Un grupo de ecologistas
que sabe defenderán
la tranquilidad que ella
necesita para anidar.

Y mucha razón tenía
los gritos han defendido
al águila en la montaña
donde construyó el nido.

Y ya nadie la molesta
el avión ha cambiado
la ruta, por ahí no pasa
y así ella ha descansado.
AMOR

4. EL PÁJARO CARPINTERO

Era por la primavera
cuando un día escuché
algo que sonaba lejos
y despacio me acerqué.

El ruido que se escuchaba
no podía conocer
no sabía quién lo hacía
por eso lo quería ver.

Andando por el camino
admirando el paisaje
llegaría al destino,
y mi curiosidad traje.

Árboles por todos lados
con ese verde precioso
con brotes recién nacidos
que les hace olorosos.

Las flores de mil colores
que pude allí admirar
acogen con sus Amores
la vida empieza a brotar.

Las hay blancas y amarillas
o las amapolas rojas
unas se muestran sencillas
por el color de sus hojas.

Allí veo unas azules
enredan el árbol aquel
quieren subir a las nubes
donde el horizonte ven.

Esas flores amarillas
que brillan con este sol
con el rocío en sus hojas
todo parece un primor.

Yo sigo por el sendero
pues el ruido aún escucho
es un pájaro carpintero
aunque de él no se mucho.

Con su largo pico toca
el tronco con un compás
que retumba en el bosque
cuanto más cercano más.

Pone música distinta
al paisaje que se ve
son sonidos de este bosque
que te harán soñar después.

Un sueño maravilloso
donde tú recordarás
cómo volaba el gorrión
o a la cigala verás.

Ese pájaro chiquito
que está aprendiendo a volar
te indica que la vida
siempre vuelve a comenzar.

La flor que hoy se ha abierto
mañana se cerrará
así se cumple un ciclo
que pasado volverá.

Son sueños de una vida
que siempre hay que tener
cuando se escucha un sonido
debemos de irle a ver.

El pájaro con su pico
está marcando el compás
nos indica que al destino
pasito a pasito vas.

Pasa siempre observando
lo que hay alrededor
así irás comprobando
que todo es superior.

Los árboles del entorno
que embriagan los sentidos
se te introducen muy hondo
activando los sonidos.

Escucha con atención
te traerán mil mensajes
que llegan al corazón
recordando los parajes.

Es la vida que al encuentro
día a día te saldrá
vívela intensamente
seguro te gustará.
AMOR

5. EL AVESTRUZ CORREDORA

Picoteando el suelo
un avestruz se encontraba
cuando allí a lo lejos
algo ella divisaba.

No sabía lo que era
pero lo quería ver
corriendo por la pradera
ella se puso a correr.

Sus grandes patas movía
lo tenía que alcanzar
pues lo que allí veía
lo quería picotear.

No conseguía cogerlo
tenía que correr más
y moviendo así sus patas
lo lograría alcanzar.

Corría, cómo corría
nunca antes lo hizo así
pero aquello se movía,
y ella estaba allí.

De pronto se quedó quieta
aquello ya no lo vio
de lejos miraba ella
y no lo localizó.

"Nunca más me pasará
desde hoy me entrenaré
y así todos los días
correré y correré"

Se levantaba temprano
para que nadie la viera
pasaba el tiempo corriendo
por toda esa pradera.

Había pasado mucho
ya casi lo olvidó
cuando un día nublado
algo allí divisó.

Se puso pronto a correr
pero no lo alcanzaba
eso no podía ser
pues ella mucho avanzaba.

Se quedó muy pensativa
tendría que entrenar más
cuando lo volviera a ver
seguro lo alcanzará.

Cuando allí estaba quieta
otra avestruz se cruzó
ella la dijo enseguida
—Ahora te acompaño yo.

Las dos iban caminando
y a la otra le contó
lo que le estaba pasando
y aquello que ella vio.

La otra muy pensativa
una cosa preguntó
—¿Has mirado para arriba?
—No —eso la contestó.

—Ya sé lo que te ha pasado
y a quién tú perseguías
era una nube chica
que el viento la movía.

»La sombra aquí en el suelo
algo a ti te pareció
pero estaba en el cielo
y por eso se marchó.

La avestruz muy pensativa
se propuso comprobar
la teoría que la otra
le acababa de indicar.

Otro día estando sola
de nuevo apareció
aquello allí a lo lejos
y corrió y lo siguió.

Cuando iba más deprisa
de la amiga se acordó
y parándose en seco
hacia el cielo miró.

Allí estaba una nube
que deprisa se movía
y su sombra en el campo
parecía que corría.

Por fin había encontrado
la que le hacía correr
aunque no la ha alcanzado
ahora bien la puede ver.

Pues siempre cuando corría
mirando el suelo estaba
al no mirar hacia arriba
a la nube no encontraba.

Desde ese día cambió
y aunque mucho corría
cuando pasaba la nube
la avestruz se detenía.

Miraba entretenida
a esa nube pasar
ahora ella sabía
que no la iba a alcanzar.

AMOR

6. LLEGÓ UN ECLIPSE

Un eclipse ha llegado
todo el sol se apagó
la luna lo ha tapado
la noche el cielo cubrió.

Desde antaño es conocido
muchas veces ha pasado
que desgracias ha traído
por eso se le ha estudiado.

Un eclipse parecido
hace tiempo sucedió
guerras y hasta inundaciones
al eclipse se culpó.

Problemas en el pasado
imposible comprobar
pero siempre le han temido
quizás eso sea verdad.

El día se vuelve noche
con rara oscuridad
baja la temperatura
todos lo pueden notar.

Fueron las supersticiones
que mala fama le dieron
le culparon de desgracias
y las gentes lo creyeron.

Veremos qué pasa ahora
cuando de modernos vamos
si hay mareas o no
o alguna cosa notamos.

Es difícil comprobar
si el eclipse a afectado
a la tierra o al mar
o algo raro ha pasado.

¿Con qué maquina se mide?
si una marea sube
si la tormenta ha llegado
o se estremece una nube.

O si la sangre del cuerpo
un poco se ha calentado
o te duele la cabeza
cuando nunca te ha pasado.

Hay cosas desconocidas
difíciles de asimilar
porque pasa tan deprisa
que ni cuenta uno se da.

Un eclipse ha llegado
eso lo vas a saber
pero lo que ha pasado
no lo puedes conocer.

Ni maquinas ni estudiosos
quizás podrán comprobar
los efectos del eclipse
los que causará al pasar.

Moverá las energías
eso no vas a dudar
pero si hasta quita el día
pues el sol no alumbrará.

El eclipse es una cosa
que no se puede evitar
como otras que suceden
imposibles de parar.

Tendrían razón entonces
cuando al eclipse temían
sucederán esas cosas
que los antiguos decían.

Pronto podremos sentirlo
si prestamos atención
aunque no lo puedas ver
tú cuerpo sí lo captó.

Que no te engañen los otros
préstale más atención
es tú cuerpo, es tú vida
y saca la conclusión.

AMOR

7. LLUVIA, LLUVIA Y MÁS LLUVIA

Mucha agua está cayendo
no ha dejado de llover
toda la noche lloviendo
muchos charcos puedes ver.

El ruido sobre el tejado
no ha dejado de sonar
todo ya está calado
y no deja de tronar.

Agua cae con mucha fuerza
no sé de dónde vendrá
con todo lo que ha caído
hasta el mar se llenará.

¿Cómo puede tanta agua
encontrarse allí arriba
en esas nubes tan negras
en el aire sostenidas?

Habrá subido volando
¿Pero de dónde vendrá?
el cielo estaba claro
rápido se cubrirá.

¿Y los truenos quién los hace?
hoy qué sonido tenían
retumbaba todo aquí
parece que se caía.

La lluvia cae con fuerza
no sé qué la empujará
para caer a la tierra
donde ya se quedará.

AMOR

8. ALGO QUE PONER

Siempre hay entre los dedos
una frase que escribir
sólo ponerse a hacerla
veremos qué va a salir.

Quizás sea poesía
lo que hay que decir
de una mañana radiante
cuando se ve al sol salir.

Ese rayo aún lejano
que en horizonte está
que dentro de un segundo
seguro me alumbrará.

Poco a poco caminando
el sol se acercará
y la noche se acaba
ya no hay oscuridad.

Esas nubes que cubrían
el cielo se han marchado
todo azul se ve ahora
el sol lo ha despejado.

Amanece despacito
algo de luz se ve ya
la oscuridad que había
se acabó de marchar.

Nuevo día ya tenemos
para poder disfrutar
de esta vida tan hermosa
que nos acaban de dar.

Sentada aquí en la playa
la arena aun fría está
pero el sol que se acerca
pronto la calentará.

En calma el mar espera
este nuevo amanecer
sus tranquilas aguas dicen
que hoy bueno va a hacer.

La ola llega despacio
a la arena ha besado
y bajito la ha dicho
"El sol ya ha regresado".

La arena poquito a poco
se empieza a calentar
el frío se está marchando
como aquella oscuridad.

El sol ilumina todo
el día ya comenzó
la vida vuelve de nuevo
todo a vibrar empezó.

Un gallo está cantando
con alegría dirá
"¡Despertar, que está llegando!"
y a todos avisará.

El pajarillo en su nido
al gallo ha escuchado
un ojito está abriendo
y un reflejo le ha dado.

A cantar con alegría
el pequeño empezará
"¡Despertar, es nuevo día!"
su trino así dirá.

Canta en su rama alegre
al sol su linda canción
contento porque ha llegado
y la noche se acabó.

Las estrellas a él le gustan
mucho las ha contemplado
pero esta luz del sol
siempre más le ha gustado.

Que quiten la noche oscura
donde no se puede ver
el peligro que acecha
y no se atreve a mover.

La luz que está llegando
que ilumina el ambiente
con ella está seguro
es feliz y más valiente.

Por eso todos los días
él se pone a cantar
al sol esta melodía
que sabe le va a agradar.

El sol la escucha despacio
mientras sigue caminando
calentando la arena
y a todos iluminando.

El nuevo día ha llegado
el campo se enteró
y las flores que había
esa luz las despertó.

Todas ellas muy contentas
de nuevo han florecido
se cerraron con la noche
pero ahora han salido.

En el verdor de la hierva
las amapolas están
mirando al sol que viene
el día comienza ya.

Meciéndose con la brisa
del aire al amanecer
mientras el rocío cae
como lo hizo ayer.

Esas gotas de rocío
que las hojas van llenando
brillan al sol como perlas
cuando su luz les va dando.

El campo está precioso
siempre al amanecer
todo es tan silencioso
se oye a la hierba crecer.

No te duermas a estas horas
todo te lo perderás
cuando se acerca el sol
maravillas tú verás.

Sal de la cama y comprueba
un día el amanecer
al sol cómo se acerca
¡Es lindo, lo vas a ver!
AMOR

9. LA TARDE

La tarde está acabada
ya se ha marchado el sol
el calor que él nos daba
por fin hoy se nos pasó.

El verano ha llegado
aun no se le esperaba
el calor nos ha pillado
y sorpresa él nos daba.

Calores nunca sentidos
ahora todos tenemos
pero aquí se está fresquito
¿Hasta cuándo?, ya veremos.

Es el tiempo que tenemos
que no sabemos qué es
si verano o invierno
no se deja de mover.

Fechas en el calendario
nos dicen que ha llegado
el verano este año
y que se ha adelantado.

Pero dos días después
el frío ha regresado
ayer hacía calor
y hoy hasta ha nevado.

Es invierno o verano
sal a la calle y verás
pero vete con cuidado
que quizás te mojarás.

Las estaciones que había
ahora están trastocadas
antes siempre se sabía
ahora no se sabe nada.

Aunque estamos en verano
el buen tiempo se marchó
una ola traicionera
del invierno regresó.

Frío tenemos y mucho
a todos parece mentira
ayer mismo el calor
el asfalto derretía.

Pero el frío intenso
de nuevo ha regresado
y el calor que había
rápido nos ha dejado.

Agua cae sin cesar
hasta mucho a granizado
y el frío que ahora hace
a todos dejó helados.

¿Qué pasa?, han repetido
las gentes al contemplarlo
el calor ha remitido
el abrigo hay que sacarlo.

En julio dicen que estamos
no parece que es verdad
el calor que ayer hacía
no se sabe dónde está.

Pero hoy todo es distinto
ese calor se pasó
hace un frío intenso
el invierno regresó.

Las gentes miran al cielo
no saben lo que ha pasado
ni el sol está en él
nubes hay por todos lados.

Sin parar cae el agua
no ha dejado de llover
el frío se ha notado
el sol no se ha vuelto a ver.

El calor ese que hacía
que era tan agobiante
ya no está por ningún lado
sólo hay frío por delante.

Parece que fue una ola
que grande se ha extendido
por lugares muy lejanos
ella el frío ha traído.

Calor y frío, ¡qué cosas!
el tiempo está cambiando
antes no era así
nos iremos acostumbrando.

Porque dicen los que saben
que ya no será igual
que hay un cambio climático
y que todo va a cambiar.

Inviernos inesperados
como nunca los ha habido
con nevadas importantes
numerosas han caído.

Los calores del verano
tampoco serán igual
el termómetro ha subido
eso es una realidad.

El frío intenso que hace
desprevenido ha llegado
creo que se va a quedar
pues estate preparado.

AMOR

10. NUBES DE COLORES

Mirando entretenido
hacia el cielo me encontraba
cuando fijándome bien
algo de allí me extrañaba.

Las nubes que hoy había
nunca antes divisé
de colores las veía
allí cuando lo miré.

Coloradas, amarillas
rosas y grises estaban
las nubes allí en el cielo
la tarde que las miraba.

¡Qué lindo que era todo!
no me lo podía creer
quien las habría pintado
gran artista debe ser.

Se movían lentamente
y allí figuras formaban
esas nubes de colores
que hoy en el cielo estaban.

Nubes por todos los lados
en el cielo se veían
las rojas eran muy grandes
y despacito se irían.

Poco a poco, lentamente
miré como se marchaban
las amarillas con ellas
se movían, se quitaban.

El cielo ahora distinto
se podía divisar
oscuro todo se ha puesto
solo las grises están.

¿Dónde se fueron las otras?
¿Dónde han ido a parar?
¿Por qué se fueron de aquí?
yo las quería mirar.

El cielo con estas nubes
algo diciendo está
la tormenta se acerca
te tienes que resguardar.

Corriendo a casa he ido
no he hecho más que llegar
cuando he oído un ruido
ha empezado a tronar.

Las nubes me avisaron
menos mal que las miraba
porque solo en un instante
todo, la lluvia mojaba.

Pero yo ya en la casa
a resguardo me encontraba
la tormenta ha caído
el cielo ya avisaba.

–Cuando las nubes están
dicen que va a llover
míralas –te lo han dicho–,
te tienes que guarecer.

Porque quizás no te caiga
si tú prudente confías
en lo que te dice el cielo
y de tu instinto te fías.

Son las nubes de colores
las que te han indicado
que la tormenta está cerca
porque todo se ha nublado.

Esas que pasan despacio
a todos avisarán
"Traemos agua muy fría
y prontito caerá".

Esas nubes amarillas
rojas, rosas, avisaron
para que no me mojara
cuando ellas descargaron.

AMOR

11. GOTA DE LLUVIA

¿Qué piensas gota de lluvia?
que del cielo estas bajando
acompañada estabas
muy sola te estas quedando.

Ves cómo te precipitas
y no sabes dónde vas
cayendo pasas un rato
pero aun sola estas.

Con compañeras estabas
arriba donde vivías
la nube te trasportaba
y tú feliz te sentías.

Pero el trueno traicionero
hace un momento sonó
el agua cayó del cielo
y a ti te arrastró.

No sabías dónde ibas
como otras te has dejado
caer con fuerza al vacío
y posarte en un tejado.

El viaje no se acaba
eso te ha parecido
rodando por esas tejas
más y más te has caído.

En el vacío de nuevo
de pronto te has encontrado
¿a dónde iré? preguntas
pero nadie ha contestado.

Un gran trueno se escucha
eso te ha hecho temblar
has recordado que antes
allí sonó uno igual.

Estabas con tus amigas
tranquilamente posada
y la nube se movía
eso a ti te gustaba.

Pero oíste aquello
y todo, todo cambió
la nube en que vivías
en pedazos se rompió.

Sin quererlo, sin pensarlo
sin poderlo remediar
por un roto de aquellos
te fuiste a precipitar.

¿Qué piensas gota de agua?
¿no sabes lo que ha pasado?
has caído en mi mano
y mi piel me la has mojado.

No querías ya lo sé
seguro que pretendías
seguir allí en la nube
pasando felices días.

Pero el destino ha querido
que en mi mano estés ahora
y no sigas en tu nube
y que te encuentres muy sola.

Gotita linda gotita
no sé lo que pensarás
pero estate tranquila
no te dejaré escapar.

Tus hermanas en el suelo
posiblemente ya están
formando ese arroyuelo
que irá a dar a la mar.

Quizás el sol algún día
a una nube subirá
esas gotitas de agua
y el ciclo comenzará.

Pero tú ahora sola
te encuentras muy perdida
no sabes lo que te pasa
ni que será de tú vida.

AMOR

12. LA OLA CURIOSA

Una ola que llegaba
en la playa se quedó
un charquito en la arena
aquella ola formó.

Muy quieta se ha quedado
eso no lo conocía
nuevo para ella era
pues pararse no sabía.

Mirando por todos lados
la ola aquella estaba
"¿dónde estarán las demás?"
muy seria se preguntaba.

Las oía a lo lejos
pero no podía ver
a sus hermanas las olas
pues no se puede mover.

Atrapada en un hoyo
el agua se ha quedado
allí expuesta al sol
un poco se ha calentado.

¡Qué sensación más extraña!
la ola está sintiendo
nunca en toda su vida
vio lo que ahora está viendo.

Todo a su alrededor
está quieto, no se mueve
por más que mira y mira
y que moverse espere.

Mucho tiempo ya llevaba
la ola allí metida
ha empezado a sentir
que se le iba la vida.

El calor que está haciendo
la empieza a evaporar
al cielo se está subiendo
no regresa más al mar.

Aquella ola curiosa
que del mar salió un día
para ver lo que pasaba
está en la nube subida.

Desde allí contempla todo
no se lo puede creer
¿cómo ha llegado hasta allí?
y al mar quiere volver.

Para estar junto a las olas
aquellas que conocía
en el mar profundo aquel
en donde ella vivía.

Porque ahora en la nube
no se puede asomar
a ver qué pasa en la arena
ni se puede retirar.

Triste la ola llorando
comprobó que se movía
ha empezado a caer
mucho susto ella tenía.

Pero con gran alegría
vio que al mar ha regresado
y allí con muchas otras
a jugar se ha quedado.

Gran cuidado tiene ella
de no salirse del mar
de meterse muy adentro
y en lo profundo estar.

–No os salgáis a la arena
–siempre a las otras decía–.
Allí pasan raras cosas
nunca lo olvidaría.

AMOR

13. FILOSOFEANDO

¿Qué hicieron ellos tan bien
que aún se les recuerda?
solo pensar y ya ves
obtuvieron sus respuestas.

Un día gente normal
se pusieron a pensar
buscaban algo especial
lo querían encontrar.

Grandes pensadores dicen
por eso son recordados
encontraron soluciones
que hasta hoy nos han llegado.

¿Por qué pensaron aquellos?
¿sabemos cómo lo hacían?
quizás no sea difícil
y así se entretenían.

Hoy no nos gusta pensar
así pasamos la vida
corriendo de un lado a otro
buscando solo salida.

Parémonos un momento
sentémonos un instante
y miremos un segundo
lo que tenemos delante.

Si seguimos como siempre
sin ni siquiera fijarnos
qué pasa a nuestro lado
y así no implicarnos.

Nos perdemos media vida
no sabemos apreciar
la belleza del entorno
sin pararnos a mirar.

Esas flores que han salido
que ayer ahí no estaban
miremos su colorido
y quién así las pintaba.

Esas nubes que de paso
por el cielo despacito
van dibujando figuras
admíralas un ratito.

Trasportan a otro lado
agua, esa es su función
¿pero quién se la ha dado?
¿y cómo ahí llegó?

Preguntas y más preguntas
se te pueden ocurrir
si te paras un instante
luego ya te puedes ir.

Eso es lo que pasaba
con aquellos que admiras
filósofos los llamaban
porque pensando vivían.

Encontraban mil respuestas
claro que las encontraban
pues su vida preguntando
seguro que se pasaban.

Prueba tú solo un momento
observa con atención
en eso que ves ahora
y busca la explicación.

Quizás te has sorprendido
pues eso no te esperabas
tienes una respuesta
a eso que preguntabas.

Pero será tu respuesta
la que te aclarará
la duda que tú tenías
y eso te gustará.

No dejes que siempre otro
te aclare la cuestión
su respuesta es solo eso
la que él un día encontró.

Pensar es bueno a veces
pero tranquilo has de estar
la solución aparece
si has decidido pensar.

Así se sale de dudas
no hay manipulación
si tú buscas las respuestas
allí solo en tu rincón.

Donde te encuentres a gusto
ponte un rato a pensar
en eso que te inquieta
y quizás ya lo verás.

Que la respuesta te viene
como una inspiración
pero no sabes qué pasa
estas solo en tú rincón.

Es que lo has decidido
y te has puesto a pensar
la solución ha venido
aunque te pueda extrañar.

Nos puede pasar a todos
solo hay que confiar
y tener también paciencia
pues algo hay que esperar.

Un segundo, un minuto
o quizás un poco más
pero es una experiencia
que te podría gustar.
AMOR

14. LLEGA LA LLUVIA

El verano ha pasado
el calor se terminó
la lluvia ya ha llegado
hasta el tiempo refrescó.

Negras nubes por doquier
se estaban acercando
han empezado a caer
ya todo lo están mojando.

El agua tan necesaria
a todos les viene bien
las personas y los campos
necesitaban beber.

El caluroso verano
ya todo había secado
ni agua en los pantanos
había por ningún lado.

Con un otoño lluvioso
todo se arreglará
hasta la sed de la tierra
el agua la calmará.

“Llega la lluvia” se escucha
como una linda canción
se oye de unos a otros
y se alegra el corazón.

Agüita que estas cayendo
refrescando el ambiente
que seas hoy bienvenida
te dirá toda la gente.

Impacientes la esperaban
parece que no venía
todo el campo se secaba
ni para beber había.

Pero ahora ha llegado
fuerte está lloviendo ya
mucho cae por todos lados
y todo lo va a inundar.

La alegría de la gente
porque el agua ha llegado
se vuelve pena y dolor
cuando todo lo ha inundado.

"Agua deja de caer"
ahora solo se escucha
la gente está pidiendo
pues la inundación es mucha.

AMOR

15. El POETA

Era por la primavera
en un banco estoy sentado
entretenido mirando
allí por todos los lados.

De pronto alguien pregunta
–¿Me podría aquí sentar?
–Si –le respondo enseguida–.
Aquí también puede estar.

Un ratito en silencio
los dos así estuvimos
pero me ve escribir
y al tiempo ambos dijimos.

–¡Qué bonito está el campo
–Nos echamos a reír
ante esa coincidencia
que nos pareció feliz.

–¡Qué de flores han salido!
–Eso estaba contemplando.
–¿Y que escribe en su cuaderno?
–Él me miró preguntando.

–Lo mismo que le decía
admiraba a las flores
y con ellas componía
versos…

–¿Es poeta? –preguntó.
–Al menos trato de serlo
–fue lo que respondí.
–¿Y me dejaría verlo?

Tímidamente entonces
el cuaderno le pasé
miró con curiosidad
me lo devolvió después.

–¿Cómo se hizo poeta?
–muy serio me preguntó–.
Pues lo que acabo de ver
muy lindo me pareció.

–Poeta, lo que es poeta
no sé si yo lo seré
solo trato de escribir
lo que veo –contesté.

–Pero ¿cómo sale en verso?
si contempla una flor
muy difícil me parece
escribirlo creo yo.

Mirando el jardín vi
unas lindas florecillas
y empecé a decir
algunas cosas sencillas.

–Violeta que mirando
a las estrellas estas
¿quién te puso ese color?
¿con el que tan linda vas?.

Y tú linda azucena
¿quién de blanco te ha pintado?
que amarillito el centro
ahí en medio te ha dejado.

Y vosotras margaritas
tantas ¿de dónde salís?
que pintáis todo este campo
como si fuera un tapiz.

Rosita qué sola estas
tus hermanas no han salido
pero qué linda que eres
con ese rojo vestido.

Hierba que cubres el campo
espera el amanecer
el rocío llegará
como te llegó ayer.

Te refrescará un poquito
y así podrás crecer
y ponerte verdecita
y todo embellecer.

Dejé en ese momento
de hablar y escribí
aquello que había dicho
lo anoté todo allí.

–¿Ve como es muy sencillo?
ser poeta es mirar
es contemplar el paisaje
es pararse a disfrutar.

Ser poeta es solo eso
tener tiempo de vivir
de contemplar el entorno
y ponerse a escribir.

Ser poeta es, ir por la vida
con mucha tranquilidad
admirando la belleza
y no dejarla escapar.

Es ponerse a escribir
para captar el momento
ese brillo de la luna
o la caricia del viento.

Esas estrellas brillantes
que la nube ha tapado
se las ve solo un instante
pero tú lo has contemplado.

El rayito mañanero
que te entra a despertar
–¡Espabila –está diciendo–,
que ya hay que trabajar.

Son momentos en la vida
que se pueden capturar
todo puede ser poesía
si se sabe contemplar.

AMOR

16. LA HORMIGUITA VOLADORA

Una mañana temprano
una hormiguita salió
en cielo estaba nublado
y al hormiguero volvió.

“Hermanitas despertad”
chillando iba diciendo
todas están en la cama
aún estaban durmiendo.

Poco a poco el hormiguero
de voces se va llenando
las hormigas ya despiertas
todas se encuentran hablando.

De pronto la reina dice
“Ahora todas callar”
“Escuchar lo que os dice”
y a ella va a señalar.

“Mirar queridas hermanas
acabo de regresar
he salido esta mañana
y os tengo que avisar”.

¿De qué? alguna pregunta
ella va a continuar
"El cielo no lo he visto
lleno de nubes está".

La reina toma la voz
y enseguida les decía
"Todas coger vuestras alas
porque es lluvioso el día".

Y ya todas con las alas
del hormiguero salieron
y cuando empezó a llover
de esa forma se fueron.

Volando sobre un árbol
las hormigas han llegado
allí el agua no cae
y ellas se han salvado.

AMOR

17. EL PEQUEÑO CURIOSO

Un pequeño curioso
se acaba de despertar
y saliendo despacito
se pone al cielo a mirar.

Ya llevaba varios días
lloviendo por el lugar
de su casa no salía
pues no se quiere mojar.

Así no iba al cole
donde se lo pasa bien
y tiene muchos amigos
con los que jugar también.

Pero hoy está extrañado
azulito lo encontró
ese cielo que miraba
y enseguida preguntó.

—¿A dónde están las nubes
esas que ayer había?
—Su mamá que le ha escuchado
enseguida le decía.

—Pues seguro que andando
a otro lado se marcharon
y si allí ha llovido
quizás hasta lo inundaron.

—¿Mamá y qué es la lluvia?
—el pequeño preguntaba.
— Trocitos de esas nubes
—la mamá le contestaba.

Pensativo el pequeño
un poquito se ha quedado
—¿Y quién corta el pedacito?
para que caiga a este lado.

La mamá que le escuchaba
enseguida contestó
—Vente a desayunar
luego te lo cuento yo.

Pero él que es cabezota
no se quería mover
y la vuelve a preguntar
una vez y otra vez.

—Mira si quieres saberlo
vete al colegio a aprender
allí te lo enseñarán
y mucho vas a saber.

El pequeño que la escucha
y que mucho la gustaba
ir al cole con los otros
rápido desayunaba.

—Mamá vamos más deprisa
que tarde voy a llegar
—Así le estaba diciendo
va corriendo y sin parar.

AMOR

18. EL CARACOL Y LA NUBE

Una mañana temprano
un caracol se encontraba
parado mirando al cielo
cuando una nube pasaba.

Voy a aprovechar ahora
pues seguro que después
esa nube que se acerca
se pondrá aquí a llover.

La nube que le escuchaba
al caracol le decía
—Hoy no me toca caer
que tenga usted un buen día.

El caracol extrañado
a la nube preguntó
—¿Por qué te vas a otro lado?
—Y la nube contestó.

—Porque si me quedo aquí
empezaré a llover
y antes ya te oí
—Y se comenzó a mover.

El caracol pensativo
a la nube la decía
—Pero párate un ratito
—Pero la nube se iría.

Un gato que se acercaba
al caracol preguntó
que con quién él hablaba
pues al venir le escuchó.

—Hablaba con esa nube
aquella que había allí
la decía que se quede
y ella prefirió partir.

—Mejor —decía el gatito—
así no nos mojará
y este sol tan bonito
un poquito nos dará.

El caracol pensativo
un poquito se ha quedado
no sabe por qué la nube
de aquí se ha marchado.

Riendo está el gato
y al caracol le decía
—No te preocupes amigo
seguro vendrá otro día.

»Pero hoy con este viento
no se podía quedar
le arrastra, aunque no quiera
y así no se puede parar.

El caracol en silencio
tomando el sol se ha quedado
el gatito le acompaña
echadito a su lado.

AMOR

19. ALGO QUE PONER

Siempre hay entre los dedos
una frase que escribir
sólo ponerse a hacerla
veremos qué va a salir.

Quizás sea poesía
lo que hay que decir
de una mañana radiante
cuando se ve al sol salir.

Ese rayo aún lejano
que en horizonte está
que dentro de un segundo
seguro me alumbrará.

Poco a poco caminando
el sol se acercará
y la noche se acaba
ya no hay oscuridad.

Esas nubes que cubrían
el cielo se han marchado
todo azul se ve ahora
el sol lo ha despejado.

Amanece despacito
algo de luz se ve ya
la oscuridad que había
se acabó de marchar.

Nuevo día ya tenemos
para poder disfrutar
de esta vida tan hermosa
que nos acaban de dar.

Sentada aquí en la playa
la arena aun fría está
pero el sol que se acerca
pronto la calentará.

En calma el mar espera
este nuevo amanecer
sus tranquilas aguas dicen
que hoy bueno va a hacer.

La ola llega despacio
a la arena ha besado
y bajito la ha dicho
—El sol ya ha regresado.

La arena poquito a poco
se empieza a calentar
el frío se está marchando
como aquella oscuridad.

El sol ilumina todo
el día ya comenzó
la vida vuelve de nuevo
todo a vibrar empezó.

Un gallo está cantando
con alegría dirá
—¡Despertar, que está llegando!
—Y a todos avisará.

El pajarillo en su nido
al gallo ha escuchado
un ojito está abriendo
y un reflejo le ha dado.

A cantar con alegría
el pequeño empezará
— "¡Despertar, es nuevo día!"
—su trino así dirá.

Canta en su rama alegre
al sol su linda canción
contento porque ha llegado
y la noche se acabó.

Las estrellas a él le gustan
mucho las ha contemplado
pero esta luz del sol
siempre más le ha gustado.

Que quiten la noche oscura
donde no se puede ver
el peligro que acecha
y no se atreve a mover.

La luz que está llegando
que ilumina el ambiente
con ella está seguro
es feliz y más valiente.

Por eso todos los días
él se pone a cantar
al sol esta melodía
que sabe le va a agradar.

El sol la escucha despacio
mientras sigue caminando
calentando la arena
y a todos iluminando.

El nuevo día ha llegado
el campo se enteró
y las flores que había
esa luz las despertó.

Todas ellas muy contentas
de nuevo han florecido
se cerraron con la noche
pero ahora han salido.

En el verdor de la hierva
las amapolas están
mirando al sol que viene
el día comienza ya.

Meciéndose con la brisa
del aire al amanecer
mientras el rocío cae
como lo hizo ayer.

Esas gotas de rocío
que las hojas van llenando
brillan al sol como perlas
cuando su luz les va dando.

El campo está precioso
siempre al amanecer
todo es tan silencioso
se oye a la hierba crecer.

No te duermas a estas horas
todo te lo perderás
cuando se acerca el sol
maravillas tú verás.

Sal de la cama y comprueba
un día el amanecer
al sol cómo se acerca
¡Es lindo, lo vas a ver!

AMOR

20. HORA DE LA DESPEDIDA

Hora de la despedida
creo que al fin llegó
como todo en esta vida
esto también terminó.

Así el día ha llegado
llegó al fin la partida
rápido el tiempo he pasado
tengo que seguir mi vida.

Partiré ya como vine
en un inmenso avión
surcando sobre las nubes
camino de mi nación.

Estas tierras que acogen
a tanto turista bien
se quedan aquí tranquilas
con su sol que sabe a miel.

Con sus playitas blanquitas
que invitan a pasear
y su gente tan alegre
que siempre quiere bailar.

Esta agua de este mar
calentita y transparente
encontrarás al llegar
lo verás, es diferente.

Esta tierra y este sol
que encontraras aquí
te acogen con amor
cuando vienes tú aquí.

Un día ya muy lejano
por primera vez yo vine
el lugar me ha embrujado
te lo digo es de cine.

Las palmeras que hay aquí
te invitan a soñar
si tú te subes allí
podrás el cielo tocar.

Sus troncos delgados son
derechos y espigados
guardia parecen hacer
mirando a todos lados.

También hay pavo real
con su belleza en colores
en los jardines verás
una inmensidad de flores.

Por todos lados verdor
que acariciará tus pies
si andas sientes frescor
¡qué sensación!, buena es.

Pasear en solitario
por la playita vacía
es un placer que a diario
puedes darte todavía.

Ves escuchando las olas
que suave dan en la arena
te acariciaran los pies
y te lavarán tus penas.

Si quieres esto te digo
venir tú aquí a probar
te cuento donde se halla
al otro lado del mar.

Una isla es el lugar
donde llegó un humano
cruzando el ancho mar
desde un terreno lejano.

No sabía dónde estaba
a la deriva venía
él muy fuerte se agarraba
el agua así le traía.

Le trasportaban las olas
y el tronco así flotaba
la corriente que había
hasta esta costa llegaba.

Era un Hab-baa-ssi es cierto
el que aquí primero llegó
no había gente ni puerto
cuando esta playa pisó.

Fue el primer habitante
que tuvo así esta tierra
y desde aquel instante
fue habitada sin guerra.

Han pasado muchos siglos
de esto que aquí te digo
pero si queréis saberlo
leer más que aquí sigo.

Los Hab-baa-ssi era un pueblo
en Andalucía estaba
eran allí numerosos
para el Atlante trabajaba.

Los tenían como esclavos
era los agricultores
trabajaban en los campos
mandados por sus señores.

Cerca del Guadalquivir
era donde ellos vivían
y vinieron desde allí
hasta aquí así llegarían.

Pronto detrás del primero
otros lo mismo llegaron
comunidad construyeron
en esta tierra formaron.

Vivian en estos campos
se bañaban en la playa
cuando ellos fueron tantos
marcharon a las montañas.

Todo el terreno llenaron
de habitantes por aquí
vivieron así ellos siglos
tranquilos claro que sí.

Su vida era sencilla
en la naturaleza estaban
ella les daba el sustento
que ellos necesitaban.

Pasaron ellos así
muchos tiempos conviviendo
luego vinieron de allí
la vida fueron haciendo.

Se mezclaron así todos
pero hoy se puede ver
en su color se distingue
ese es su proceder.

Su piel morena lo dice
vienen de otra nación
aquí yo ya te lo dije
el primero así llegó.

AMOR

www.ingramcontent.com/pod-product-compliance
Ingram Content Group UK Ltd.
Pitfield, Milton Keynes, MK11 3LW, UK
UKHW021924190726
13853UKWH00002B/826

9 788835 429906